AF293565

Quelque chose qui sent le jasmin

Camille Brette Corazzol

Qu'est-ce t'aimer ? J'ai peur de voir cette eau
couler

Entre mes pauvres doigts. Je n'ose t'avaler.

Ma bouche encor modèle une vaine colonne.

Légère elle descend dans un brouillard d'automne.

J'arrive dans l'amour comme on entre dans l'eau,

Les paumes en avant, aveuglé, mes sanglots

Retenus gonflent d'air ta présence en moi-même

Où ta présence est lourde, éternelle. Je t'aime.

Jean Genet

Le fond d'air est frais

J'ai éparpillé mes notes, mes
pupilles, mes projets pas
trop mûrs

Entre deux versants frileux

D'une table cirée

Si peu exposée

Contre le mur

J'ai pris un dernier air

Un premier « A la vôtre »

Entre deux absences

De tes fous rires pas trop
sûrs

La roue tourne et mes doigts
aussi

Tournent autour de la
couronne de verre

Qui au fur et à mesure

Se prend de vertige

Quand le café disparaît

Dans les combles de sa paroi
claire

Je ne t'attends pas mais c'est
comme si

J'imagine

Ce romantisme trop peu
dilué

Mêlé à ce kitsch teinté de
routine

Que l'on aime parodier avec
feu

Que j'aime ces amants qu'on
ne peut critiquer qu'à deux

Sous mes talons francs

Les marbrures des pavés
embaument le
crépusculaire

Paumes contre paumes

Dansent un pas de deux

Sans le ressort de tes
chaussettes jaunes et fières

Qui manquent pour
éclairer les pavés noirs

De nos fêtes sans faux pas

Sans étiquettes à parfaire

A hautes voix

Mais tu n'es pas là

Le lointain a quelque chose
d'enivrant

Et pour cause

Je passe plus de temps avec
toi quand tu t'en vas

Voici des verres à pied, des
pieds de pages

Qui soutiennent ton mirage

Parce que j'ai emmené
jusqu'au comptoir

Ton salut gracile de la main

Que demain je retrouverai

Faute de retard

Entre deux
croissants fragiles

Au coin de la boulangerie
bleue

Et je serai heureuse

Seule à seule

Je profite de la
terrasse pleine de miasmes
et de folies

Comme si tu étais en
face de moi

Et de mes folles envies

Je ne viens pas ici

Parce que tu me manques

C'est surtout

Parce que tu es un aimant
quotidien

Que tu
déteins merveilleusement sur
tout

Même quand tu es loin

                                 J'ai des larmes d'amour

A la fenêtre des paupières

Larmoyantes et fauves

Comme la poussière

Qui se soulève à chaque battement de rires

Sur les vitres

Qui dégringolent virent et claquent

Sur les draps

Sur mon épaule

Pleine de nos éclats

Qui s'irisent

Sans les stores

Forts et sans dégâts

                                 J'ai des larmes d'amour

L'ombre de ma lampe

Fond sur ton visage

L'iris chocolat de ton regard

Glisse

Sur mon papier peint volage

Sur mon papier de verre

De vers

Dont la transparence

Des blancs mats

De tes yeux francs

Défie l'encre noire

De nos ferveurs sans foi

            J'ai des larmes d'amour

A cause de ce plein de joie

Vertigineux

Soudain et précieux,

A cause des fleurs

Eplorées

Et peintes et sucrées

Sur mon oreiller

Qui dessinent doucement le recueil

Des douceurs de ta joue

Aquarelles et câlines

        J'ai des larmes d'amour

Ces larmes qu'on attend et qu'on ne retient plus

Car j'ai tant de sourires

Impatients de ne pouvoir

Se mirer encore

Dans ta chair et tendre

Dilection

D'ivoire

        J'ai des larmes d'amour

Parmes, bleues, frêne

Ton paysage est leur décor

J'aime à l'excès

Tes discours qui portent

Toujours et encore

L'ambition

D'un feu trop grand

D'un feu trop grêle

                        J'ai des larmes d'amour

Celles où l'on ne peut mieux

Ne s'arrête pas qu'à une bise

Où l'écrin de nos si peu

Chérit

Chaussettes, barrettes, cirage et brise

L'odeur boudeuse de l'orage

Je borde le lit

Déborde du matelas

D'aporie

Ou d'amour

Cousu de fruit pourpre

Et de taffetas acacia

J'ai des larmes d'amour

Que je ne veux sécher

Elles sont ces pensées qui ne se fanent pas

Ne s'évaporent pas

Comme ces effluves

Fioul beurre et melon

De ton cou

Cousu de perles

Argentées de plomb

Sous les lilas noirs un feuillage lacté

Se dérobe comme les reflets inattendus

Tourmentés de l'immortalité des amours

Immortalité brève fendue

Mais immortelle toujours

Je me souviens du goût de l'océan

Dans les vagues des draps tissés de mauves et
d'encre noire

Du bruit de la pluie sur le toit grave

Qui coule jusqu'à mon front

Grains de titane dur submergé de blond

J'ai le regret de la nostalgie

Pétrichor de ceux qui partent de ce qui reste

De ces bruits immenses des aiguilles acharnées

Dans leurs yeux il meurt déjà ou naît peut-être
plus fort

L'oubli de ce qu'on m'arrache la peur de
l'irrémédiable

Je veux être à la hauteur de ce qu'on ne changera
plus

C'est la mélancolie de prier de revenir

Ce qui n'est pas encore tomber dans le souvenir

Il fut un temps où l'orage ne me faisait pas
craindre la pluie

Qu'est-ce qui nous lie si ce n'est l'inoubliable

Lucidité de la fin je ne ferme les paupières pour
ne regretter

Demain matin fin nouvelle maintenant de ne rien
laisser s'échapper

Qu'est-ce que j'ai manqué pour que ces instants
me semblent ainsi dérobés

A ce poing mains sentinelles qui ne se saisissent
de rien

Ecrin lecture respire fleurs de delphiniums et
puis soudain

C'est comme si je sentais dans ces livres le
parfum de celles que j'ai aimé

Ces personnes ces heures ces terrasses iodées
dont je n'ai pas encore

Eprouvée l'absence l'évidence certaines d'un
reflux sublime

C'est l'écume sucrée de ce qui ne fonctionne
plus dans ce présent ici las

Mais le pire réside bien plus amèrement dans les
restants calmes

Fumées au visage effluves de la perte brute qui
ne s'échappe pas

Vous avez écrit au milieu de la page retournez-
vous tout fane sous mes doigts

Je sens votre paume légère sur mes phalanges
cornées de vos traits charbonneux

Dites-moi

Est-ce que les baisers meurent quand l'amour
s'en va

Derrière ces rouleaux noirs que l'on rappelle

Ces courants d'arrachements

Sous ce trait de crayon noir expirent vos
respirations

Lentes et dynamites

Sur ce chapitre la trace sarcelle de votre
attention

Ces yeux orageux ces fleurs en céramique

Notes d'intentions à celle qui lira après

La couture au ras du fil au fil de l'eau je ne me
vois plus rien lire

Les larmes sur le papyrus de mes enfuis fusent
en lys bourgeonnant

Entre les lignes

Je sais pourtant que je suis déjà loin

Le Léthé coule sur vos lèvres et j'aime qu'il
m'enlace de son court d'onde tendre

Je vous vois couper la tige elle a soif comme
après un bain dans le duvet d'un lit d'ambre

Mais

Que vais-je faire avec tous ces mots toutes ces
images ces odeurs ces voyages

Si je ne peux plus les partager

Je n'ai pas la place c'est mon pire litige

Gardez au moins un peu de ça tout ce que vous
avez de moi

Même la pierre dorée au fond de votre poche de
votre tête

Vous voulez oublier peut-être

Si vous me la rendez c'est tout l'océan que je
reprends

Il fait si bon de voir le ciel embrasser la mer
embrasé le sable des falaises mises en

Poudre

Ça explose c'est magnifique

Ne répondez pas surtout pas je veux penser
encore un peu

Panser le fait que même devant ce paysage vous
ne voulez plus me regarder droit

Dans les yeux

Sommes-nous au moins joyeux quand les années
passent que nous traversons les pas

Qu'on avait mené ensemble aux heures
curieuses

Sur les boulevards sur les entrevues mielleuses

C'est si précieux entassons mais ne remplaçons
pas les jours vivants

Poids de ce qui compte de ce qui se blotti contre
soi

Main dans les cheveux mains dans les sacs à
mains dans le feu

J'écris pour les souvenirs qui n'appartiennent
plus seulement à moi

Pour tout ce qui reste en arrière-gout à la surface

Mais c'est en fin de palais que je crois apprécier
le plus

La saveur des dernières fois

Je bois la tasse

C'est tenace intense c'est délicieux ces petits
émois

N'avalons pas encore

J'ai la nostalgie de ce qu'on n'oubliera peut-être
pas

Le parfum noir

Exhalant du goudron amer

Rayonne dans les rayons

Du hier soir

De mon vélo

Et embrasse à travers mes joues

Ma voix rocailleuse et calcaire

D'une nuit sans cesse

A défier les heures

Silencieuses et fières

Le béton mouvant dessous mes roues

Les caressent

Les décollent de leur caoutchouc

Transpirant

Les sucs de la veille

Citadine

Se noient

Les bruits des moteurs

Dans le récit opaque des bâtiments

Sans chaleur

Dans la brise marine

De mes matins lourds

Qui me réveille d'une telle fureur

Que la pluie de l'à peine

Ne fait soupirer que les oiseaux

Rouges en fleur bohème

J'ai une aversion

Pour les trajets

Qui harponnent mon attente

En accordéon

Trop haut

Mon guidon fanfaronne

Le vent m'accoste

Mes cheveux sont tempêtes

Je me passionne

De ces matins sans douceur

Après les fêtes

La brise hostile

Fait s'échapper

D'entre mes lèvres

Une dentelle tissée de soie polluée

Impatiente d'expirer

Sur le velour clair du papier

Ramolli

Par les larmes d'amour

Bien infusées

Je pédale dans l'impatience

De jouir de l'arrivée splendide

De rompre cet entre-deux

Cette cadence horrible

Excitante

Dans laquelle je veux toujours attendre

Plus vite

En faisant des tours de pâtés de maison

Vide

Haletante

Je me suspends à la chimère

De cette présence au pied de la porte

Accoudée au serpent de bois vert

Rampe de mes émois

Sur le fil

J'ai garé mon bolide et mes attentes

Tout est possible

Je suis pressée d'attendre

La clarté aux lueurs sarcelles

Du ciel de lit

Se lit

Tes délicates impudeurs

Le voile danse dans l'après l'heure

Dans l'immense

Emoi de la plaine

La fièvre crépusculaire danse

Comme une mélodie incertaine

Le ciel cuivré embrasse

Les collines chaleureuses

Tes boucles cannelle

Dans le vent se cassent

Sur les herbes rouges

Impétueuse

S'allonge la lumière

Des grands soirs

Je regarde le soleil disparaître

Comme une goutte de pluie noire

Fumeuse

Le mois de février n'a rien de bien frais

Juste l'ombre de l'horizon qui nous sourit

Enlacé.e.s

L'avoine siffle dans le demi-jour

Les fruits

Des pommiers dans leur rondeur sucrée

Foulent nos pieds nus

Et tu souffles

Comme dans un verre de vin au lointain vécu

Tes vers ivres à cause des virages

En lacet

De la vallée

Charpentée sur de succincts étalages

Les portières se referment

Les sièges étaient chauds

Tes baisers étaient fermes

Et voilà que nous sommes reparti.e.s

Sans fard ni envie

D'abandonner ce banc de route

Emus

Résonnent encore sous les roues

Tes accords perdus

Chantant là-bas encore

Parmi nos plus folles métaphores

Tes grains de beauté manquaient

Sous la couverture

De la plaine

Cousue de marbre et de fines dorures

Les verres de nos hôtes s'épuisent

Quand nos escales casuelles s'improvisent

Sur le chemin de notre absence

Superbe et furtive

Le miel est sur tes verbes

Le cercle au fond de la casserole

Est noir

Comme le silence

Et le vinyle noir

Qui tourne au son du violon

Depuis la chambre jusqu'au salon

Le couvercle contient

Les petits séismes qui caracolent

Qui décollent les sucs

Les sons

Gourmands

Nous suffisent dans nos matins sans

Tant pis s'il est mardi

Dans la tentation du sans-souci

Je m'habille d'une dentelle

Garance

D'un gilet cumin

Et d'un déhancher timide

La musique crépite

Et l'égouttoir est vide

Tu m'appelles

Je comprends qu'il me suffisait

De te voir

Reflété

Dans le miroir de l'entrée

De te voir

Farfouiller à côté d'un tas de chemises

D'un tas de lumière

De velours brique

Pour te répondre d'un regard-bise

Là-bas

Jour

Et météores

Caressent ton décor

De corps peints

De concerti de livres

Et de cendriers d'échos de la veille

Je dors dans tes yeux

Sans oreiller

Sans pagaille

A demi-mots

Dans le détail du plat chaud

Il brunit

Entre tes lèvres

Que je ne saurais éteindre

La cigarette

De nos minuits

Que je ne sais qu'étreindre

Ravi

Dans ton jean violet

Parme ou bien pastel

Tu es joli

Avec ton nouveau vernis

Ma poitrine résonne dans la cuisine

Tu descends dans tes poches

Monte le feu

En sort un crayon gris

La fin du vinyle approche

Les couverts sont prêts

Il est midi

Le mur froid entre tes mains il est dur je te crois

Un détour et nous voilà, la ville nous offre ses

Effluves de vin rouge et de plantes somnifères

Dans tes soupirs il n'y a que les pas qui nous

Retiennent

Ils clochent, sans revers, dans l'allée bétonnée

Tandis que tu te balances sur moi

D'avant en arrière la cambrure de mon dos s'abat, se

Creuse et aboie sur la paroi fière, rempli l'écart, le cri

De la douceur immense

J'explose

Il neige là-bas

Tu me serres dans mes tremblements je souris

Les fleurs sont à terres elles fleurissent

Vêtues de leur blanc suranné

Elles sont rouges peut être, bas pourpres de cette
faillance feutrée

Je ris il y a tellement d'ombres qui se croisent

Tellement de monde qui ne nous voient pas

Mais c'est si doux sur ma joue cet effleurement hésitant

L'alcôve de ta clavicule me sert de repos

Tu me mords la voix

Je fonds sur tes lèvres et on s'enfonce plus encore

Dans cette boite à rêves

Nuit vaste dans cette vasque noire,

Je veux te revoir

Dans la pudeur de l'ombre

Les doigts se lâchent

Se fondent

Dans les soubassements lourds

Du théâtre abritant

Nos amours cash

Qui ne s'aiment qu'en trombe

Cet été

Chaque baiser

Me revient en mordant

Comme sous le parvis de l'église

Où la pluie féline

Roulait en mourant

Sur nos joues

Archipels blancs

Tes yeux

Epuisaient

Leur dernière larme d'impudicité

Et le bleu de mon pull

Sur tes épaules élancées

Portait le rire

La tendresse risible

De tes grands feux bleus

Clouons encore des clous à notre amour

Les nuages pèsent sous la couverture

Pour sûr

On ne profite jamais assez d'être amoureux

Dernières « nuits partagées »

Capitale de la douceur

Sieste recroquevillée

Face à face en crochet

On dirait un cœur

Il m'a pris par la taille

Pendant la nuit

J'ai souris

Sans fatigue sans bruit

Ses phalanges sont froides

Sur mes côtes mes failles

En les retirant

Accident

Pour se retourner

Dos à moi

Dos à cette première nuit

Où il se retournait

Face à mon impatience

Pour glisser ses phalanges

Sur la cambrure de mon cou

Bijou de faillance

Sur le tendon bandé

Intensité de notre incertitude

Et splendide et évidente

J'ai attendu ce premier baiser jusqu'au dernier

Peur du retour

Non

Du non-retour

Ton indifférente

On avance vers une direction

Mais on s'agence

Dos à dos

Au sens de la marche

Sans impulsion

Pour quitter l'inconnu

Jambes croisées

Genou plié

En miroir à l'opposé

Je te regarde

Sans le bruit du sort

Bien tendue

Comme les rails

Amarres suspendues

Au-dessus de nos

« Il pleut des cordes dehors

Viens par là qu'on s'aime encore »

Qui coulent

Jusqu'à la prochaine ondée

En giboulée incertaine

Semons nous

Attachons nous

Bien plus qu'une fois

Que nos poumons s'accordent

Que nos regards s'échangent

Un sourire

Comme on échange

Une bague adorable pleine d'effroi

Les regrets n'ont qu'à murir

Je ne suis plus cette autre là

(Réponds moi)

j'ai attendu toute ma vie de t'aimer, et, voilà, j'ai
renoncé

je savais ce à quoi j'étais amenée à renoncer mais
je ne savais pas, ça a duré quelque temps, cette
angoisse de "comment c'est, après ?". Après, et
maintenant je le sais.

La force de t'aimer.

je n'ai plus peur de ce laisser aller, de laisser
"l'après" s'endormir sur mes épaules

tu as fais taire le silence des questions qui font
trop de bruit

tu as posé ton oreille droite sur mon oreille
gauche pour temporiser le son qui passe

je n'entends plus l'incendie des maux d'en face

c'est la mer

qui chante depuis le fond de ta coquille

un marin arrive il a ta voix

tu es mon tout qui fait de ce petit bout de rien
tout enfoui derrière mon pouls un bout de
quelque chose, un pouls de quelque chose, un

pouls qui fait résonner les choses et surtout les
pas grands choses

car tu es ce pas grand chose qui vient se coller
entre le drap de mon être et le matelas de mon
âme, dans ce petit couloir de chaleur dont rien ne
peut forcer le trait si ce n'est ta tendresse qui
s'allonge jusqu'à moi et m'emplit le coeur

tu as dessalé mon temps d'un coup de pivoines
quand j'avais peur de ne pas l'avoir assez vécu

Ce temps bleues ces pivoines

 je les vois et leurs pétales j'en veux m'en faire
une seconde peau

pour retarder le trop tôt, le repos

de ce bouquet d'amour mon amour je le jette et
le rattrape encore

pour que notre union se rejoue autant de fois que
celles qui n'ont pas pu être

quand je ne t'aimais pas alors

j'ai envie d'allumer un grand feu

c'est mon chez moi ce petit bout de fleurs

que je t'aime depuis mes vingt ans

je pense souvent à tes bras autour de moi,
tendresses qui se refusent, s'accusent mais qui
toujours pressent leur chaleur sourde contre mon
épaule nue. Ça fuse tu es belle.eau ta cravate ton
veston il fait beau. La lumière du soir fond sur le
trottoir et je te vois dans le reflet de ma bière, il
n'est pas tard, tu es crépusculaire, je ne me ronge
plus les doigts.

Ne t'endors pas

Sur le parquet lesté

Se peint d'une épaisse glaise

Pourpre et Cimentée

Le portrait du silence

Bien trop soigné

Face au poids de l'absence

De tes yeux

Bois de chênes

Mais c'est de ce mois de mai pluvieux

Qui fait rouler au creux de mes paumes

Le grain de peine de nos adieux

Que je déterre mes souvenirs

Pleins de faux restes

De fossettes évidées

Par ces ascendants borgnes

Qui ne savent pas nous apprendre à vieillir

Pour combattre le temps

Sinon pour le côtoyer

Sans hargne

Et non pour se l'arracher

Oui je me revois cette évidence

Qu'on a échappé

Au détour de points de suspension

Eclopés de censure et d'indifférence

Il résonne encore ce mutisme souriant

Caisse de résonnance

Des maux écœurés furtifs

Alertes

Les usures de mon chagrin

Sur le papier rouillé me rappellent

Que je ne me souviens

Peu à peu

Que de la fin

Quand tu aimes

Il faut

Laisser partir

Ecraser la pédale de frein

Parler à l'imparfait

Et poser un baiser sur le front de la table

Comme si le tien était entre mes mains

Je quitte l'adolescence

A m'en mordre les draps hauts

Sous le lit d'eau de verre

Que sont mes paupières remplis de tes regards

Acerbes

A s'en déchirer la peau

Serre moi encore

De tes mains tacites

Montre-toi à la lumière

Que l'on s'abrite

J'ai la peau sur ton odeur

Ton armoire est grande j'y ajuste mes lilas

Mes douceurs et mes quelques dessous faciles

Comment ne pas s'ouvrir à tes bras si graciles ?

Ton débardeur est ma fêlure qui tout autour de
mon cou s'y affuble

En le serrant je trouve le firmament de nos élans
tendres et si

Le moment où je m'enfonce dans le tissu s'éveille
je retrouve le parfum de nos matins sans veille

Le parfum sucré brûle mes narines tandis que ton
souffle s'abat sur ma poitrine, faisant danser les
particules de toi dans un tourbillon à chaque
respiration câline

Tu n'es pas là mais je te sens dans chaque nœud
de mes cheveux noirs que tu défais de tes doigts
fins sur la guitare

Les fils de la laine duvetée, de l'haleine coupée
se mêlent à ceux de l'instrument

Ses cordes s'accordent aux tiennes

Je t'aime et la soie de nos peines se dérobent
quand je respire la douceur de tes veines qui

gonflent et se tendent sous le textile nu de notre
amour

Hors paire

Tu es dans mon souffle mon coeur ma respiration
et dans chaque empreinte de mon corps sensible

Hors plaire

ta présence s'y glisse par des parois que seul toi
connais, les parois de la carapace que je me
fonde à chaque émois

Corde sensible

Par le col de ma bouche je te sens quand ma voix
faiblit

Si tu n'es pas le fruit de mes illusions quelle
beauté que de vivre dans cette réalité si profonde

Mes sens ne me trompent plus bien que la torpeur de mes poils de mes frissons de mes phrases faillisse dans ton odeur ici-bas

Ton débardeur est mon décor le vestige de l'attente de te revoir

Là-bas sur le front du trottoir

Toi dessus moi en contre bas sur la route de nos folies sans bas je t'embrasse et colle mon front sur ton effluve citron

Colline d'ambre, forêt de patchouli, lumière vanillée

Balade moi dans tes dessous tes paysages qui sentent bon le chez toi, le chez nous

Parfum des étoiles qui n'appartiennent qu'à nous

Ce soir il n'est pas tard mais je me presse du trop tôt de te retrouver dans mes bras

Je te sentirai tu me parfumeras

La peau comme seul exhausteur de notre amour

Qui sent si bon le feu la bougie et la fumée de
nos caresses

Printemps de nos comètes respectueuses

Je m'empresse de te sentir ô mon dieu

Lorsque je m'endors

Il y a un petit garçon qui n'apparaît que le soir

Il s'assit au pied du lit, marquant le matelas d'une auréole de nuit

Je ne le vois que presque assoupie, lorsque les yeux tombent avec les volets grinçants

le visage grimaçant d'insomnie, je baille et m'évanouis en sursaut

Je crois qu'il va me voir

Le parquet grimpe sur les murs, jusqu'au bas de plafond haut

La boite est blanche, noire

Il me regarde et s'allonge contre moi, contre mon dos

J'ai peur de son souffle qui se réchauffe dans mes os

La lumière le fait fondre

Pourquoi la lampe est elle accrochée au plafond

Le monde à l'envers le sol brûle sous mes pieds

En chandelle je me sens revenir

Pierrot

Je cherche une chambre pour la nuit

Parce que je n'ai plus la mienne

ma nuit

car j'ai ce petit garçon ce petit bout d'ombre

qui se faufile entre mes paupières entre mes prières

Que seul le soleil parvient à entendre quand il fait beau

Mais ce soir les bottes de pluie ont remplacé les bottes de fleurs

La cire chaude de ses lueurs s'allonge sur mes yeux

Je ne vois rien

Sauf ce petit garçon

Je ne veux pas le laisser au milieu de tout ce monde

La foule est immense dans cette chambre minuscule

Tout se bouscule, les ronflements ne m'ont jamais paru aussi forts

Le petit garçon se penche du lit

trop près il va tomber je le serre entre mes paupières

Entre mes bras que je ne sens pas

je ne peux pas le toucher

Il tombe dans cette mer sombre du parquet

Je crie, me redresse

Arrêt

Il n'y a que des petits bleus qui tapissent les genoux du petit garçon

je me suis écorché un petit morceau de ciel

Je pleure

Les bleus redeviennent alors pluie

Comment ne pas te regarder

Quand tu danses et te frôles à la lueur des frivoles
tempérances

De tes clavicules à tes chevilles longe une ligne,
un lambeau de soie noire invisible, qui t'affuble

Tu bouges et ondules autour de cette ligne qui va
et vient, qui fait des ronds et puis

Reviens

Tiens moi encore la main rejoins moi dans les
contours du drap sarrasin

Enroulés dans les tissus noirs de la nuit

toi tête face au matelas moi face au toi

Enlisés sous la peau de l'autre

Si nous pouvions superposer les images

Ton corps sur le mien

On dirait que l'on danserait sur du jazz

Ta main dans la mienne

Mon bassin frôlant le tien

Genou fléchis lèvres mordillées et sourcils
rigoleurs

Je sentirai ton pouls chanter contre mon ventre

Je n'aurai plus jamais peur

Seulement de la musique qui palpite et s'endort

Je ne veux plus jamais aller me coucher

Dans ce silence de la mer

Nos rêves ne se sont pas encore trouvés

Mais

Tu te retournes contre moi

Ta main qui glisse pour se loger dans le creux de
ma hanche

S'agrippe comme sur la cambrure d'une ancre

Tes pieds sous les miens inspirent le rythme
fuyant

Des pas que l'on n'a pas encore saisis

Ton souffle endormi est une valse

Et on n'a plus qu'à danser

Je crains que ce soir tu sois déjà trop
loin,

de mon côté

Chéri de tes embrassements pleins de vie

Lie de vin de nos lendemains qui ne sont pas
encore

Ecris je m'endors et je sens ta paume sur mon
front

Ardent de tes regards délicieux

Tu te penches sur moi vertige de te voir si près
de

Mon menton froid de tes baisers qui n'ont pas

Encore été versés, licencieux

Tes lèvres sont un torrent

Ton retour m'appelle un peu plus chaque fois que

Ton nom s'allume et vibre sous les toits

Sous les toi je me rassure et me verdoie

Ta peau est lisse et douce et vernie mais

Est-ce un fantasme que de t'avoir touchée une fois ?

Je pense à toi veut dire je t'aime

J'ai envie de t'aimer comme on aime un condamné,

Un miracle de la rose

Dans l'urgence de gouter ta voix chantée sous ma langue

Tu glisses et je veux marquer la pose

J'ai peur que mon amour ne soit qu'une virtualité

Sculptée dans l'ambre de l'absence

Ta réalité me hante et je veux sentir

toutes les nuances toutes les couleurs les répugnances

si il le faut

Mes souvenirs ne t'échappent pas il me reste un fond

De tabac froid, sucré, de nos derniers mois

Rapproche toi colle moi je veux sentir ta fumée
ton odeur

Sur mon col roulé de morsures poudrées

Bouquets de violines je les sens dépasser dans
ma trachées fleuris

C'est joli ton nez rougis il fait bleu

Le ciel est faux quand il s'agit de fermer les yeux

Je ne sais que te dire

Je pense à toi

Sur

    les trottoirs

        des fleurs desséchées

Est ce encore une façon de nous montrer

Un peu sans s'en apercevoir

Qu'être heureux on ne l'a pas toujours été

Sur les cimes du désespoir on a laissé

La lumière s'aplanir, sourire sous le béton

Il fait si beau dans les rues sombres de midi

Paris est froid, l'automne aussi

Il n'y a pas une ombre que je vois cent fois, sans
toi

Une fontaine vomie des wagons de douceur

Sa pierre à la couleur de tes cheveux mouillés

Etrangement bruns avec des rayons de pâleur, de
vert espoir

Toujours un verre d'eau avec un café allongé

Il y a des fleurs même en novembre, elles sont
dans tes bras

Perlés de grains de beauté, lavés de leurs envies
de baisers

Entre tes lèvres

La fleur de fumée de la cigarette s'évanouit en
des milliers de pétales de cendre

J'ai peur de décembre et ses débuts de fêtes
grandioses

Où l'on pense que c'est bientôt le début de
quelque chose de beau, de grand

Alors que c'est la fin de quelque chose de beau,
de grand

Qu'étaient ces jours dont on avait rien à attendre

Seulement de pouvoir s'embrasser dans le coin
d'une ombre

Dans le coin d'une chambre,

D'une chambre à airs de jazz, de blues, de brise
marine

Émanant des gouttières, coulant des couloirs

L'écoulement sombre ressemble à de l'encre

Ou peut-être à du pétrole, noir, épais, résurgence

On ne peut mourir et consoler en même temps

je suis amoureux du souvenir que j'ai de toi

Dont le seul lit de mots justifie leur empreinte sur
ma peau

Ton odeur sur le pli de mon sort contre ta poitrine

Rien ne me semble plus facile plus indélébile

Que de prendre parti pour des êtres différents de
celui que j'avais inventé

J'aime à croire que je suis la seule à savoir cela

Je réécris ces légers sursauts, ces contractions
indociles contre lesquelles tu luttes dans l'après
nuit

Peut-être une façon de dire que tu es encore là,
que tu veux rester encore un peu

Mais le sommeil t'a avalé, j'embrasse ton front,
mon baiser s'efface derrière tes rêveries

Je veux être seule avec mon image de toi

Je crois qu'on est trop loin de la mer pour en
sentir le froid

Quelle que soit la distance parcourue,

Je ne pourrai jamais être plus loin que là où je
suis

Mais bien moins que lorsque

Tu mets mon pull sur le tien

Il sent bon quand tu le portes surtout quand tu
l'emportes

C'est dans la délicatesse diaphane de la fibre la
plus fine qu'on trouve les faux pas de nos cœurs
enfin dicibles

Dans l'exil de son enveloppement brûlant et
versatile cette écharpe nous habille d'un rien,
simplement

Tout semble si près de soi ; nous échappe

On se vêt alors d'un rouge carmin porté sur un
tailleur qui suffirait à embraser une ville entière

Un col roulé noir dont le cou sent encore le
parfum de ceux qu'on ne porte plus

Comme si plus rien n'allait piéger nos Paris et
contrarier nos corps

Nos corsages dézingués, de désamour

Serrés sous nos chemises - tâchées de café -

rien de moins qu'une aquarelle sur le lin blanc

De nos souvenirs qui se boutonnent et se défilent
toujours

Édition : BoD · Books on Demand, 31 avenue Saint-
Rémy, 57600 Forbach, bod@bod.fr
Impression : Libri Plureos GmbH, Friedensallee 273,
22763 Hamburg (Allemagne)
ISBN : 978-2-3225-0617-0
Dépôt légal : Janvier 2025